ット No. 20

教育の原点

ALS患者が短歌をとおして語りかける 人生で一番大切なこと

表紙図：谷山公規

はじめに

本書は早稲田大学教育総合研究所主催の教育最前線講演会シリーズ二七『教育の原点―ALS患者が短歌をとおして語りかける人生で一番大切なこと―』を記録としてまとめたものです。教育とは単なる知識の伝達ではなく、自他の存在意義を認め、共存共栄できる人間を育てることであると考えます。そのような教育をするためには、教える立場の人間が、つねにこの教育の原点に立ち返っている必要があると考えます。

講演者の内山幹敏氏は二〇一二年にALS（筋萎縮性側索硬化症）を発症されました。その後ご自身の心境を短歌に詠まれるようになり、歌集「肉塊の歌」と「続　肉塊の歌」を出版されました。内山氏は短歌の中で、治療法の発見されていない難病にかかられたご自身の苦しみを叙述されつつも、その苦しみを超えたところにある精神の輝き、愛、思いやり、感謝、またユーモアを表現されました。そしてそのような生き方の中に、ご自身の存在意義、生きる喜びを見いだされました。内山氏の生き方に触れることによってわれわれは、自分にも存在意義があること、たくさんの能力を与えられていること、多くの幸せに囲まれていることに気付かされます。内山氏の短歌をとおして、教育の原点である人生で一番大切なことは何かを思い出し、自他の人生をより良いものに変えていく契機として、本講演会は企画されました。

二〇一八年七月七日に北海道旭川市にある内山氏のご自宅と東京の早稲田大学をビデオ通話で

つないでのリモート講演会が開催されました。講演会で聴衆の心の奥深くに響く力強いメッセージを伝えられた内山氏は、七月二二日に急逝されました。しかし内山氏の言霊は時空の制約を超えて、いつでもどこでもわれわれに生きる勇気、今生きていることに対する感謝を与えてくれます。

（谷山　公規）

二〇一八年一二月一三日

内山幹敏氏の書籍情報

- 電子書籍（内山幹敏著・Kindle 版）

『肉塊の歌 二〇一五年春「再生」』『肉塊の歌 二〇一五年夏「夢」』『肉塊の歌 二〇一五年秋「憂愁」』『肉塊の歌 二〇一五・二〇一六年冬「覚悟」』

- 書籍

内山幹敏『続 肉塊の歌』道新マイブック、二〇一七年（ISBN978-4-86368-060-9）

教育の原点
―ALSになった先生と考える―

教育・総合科学学術院　教授　佐藤　隆之

佐藤：こんにちは、教育・総合科学学術院の佐藤隆之と申します。私から今日の講演の趣旨を簡単にご説明したいと思います。

今日の講演会の主役は、本学術院の谷山先生と内山氏のお二人です。内山幹敏氏は、早稲田大学文学部東洋哲学科を卒業し、北海道で高校の先生をしていました。谷山先生は教育・総合科学学術院の数学科の教授です。こちらのお二人は今北海道の旭川におりまして、今日はリモート講演という形で講演会を行って参ります。

今回の趣旨ですけれども、従来の研究所主催の教育最前線講演会とは異なりまして、専門家をお招きしてここで講演してもらうという形ではありません。そうではなくて、先ほど申し上げましたように旭川からのリモート講演で、お二人が主役となりまして、そのお二人の話を聞く中で皆さんと一緒に考えていきたいと思います。「どんなとき状況であれ、昨日よりよく生きられる人間」とは何かということを、ご高説を賜るというよりも、われわれで共に考えていきたいということが大きな狙いになっています。

「教育の原点」①―誰（何）が教えるのか？

この講演会の大きなテーマは「教育の原点」ということなのですけれども、では教育の原点について何を考えるかということで四つほど考えてみました。一つ目は「誰（何）が教えるのか？」。簡単に言いますと、教育とは何かということを考えてみたいということです。

今回の講演は、先ほども申し上げましたように、著名な研究者の方々のご高説を賜るのではなくて、できるだけ事前にそういう準備をしないで、今から内山氏に語ってもらう中で、その語りから皆さん自身に学んでもらうこと、われわれ自身で学んでいくということを大事にしたいと思います。できるだけ事前に仕組まない講演会として、講演会に参加して参加者自身が感じたこと・思ったことを即学びとしていきたいと考えます。

近年は、ＰＤＣＡサイクルにみるように、事前に計画して実践してそれをチェックして、それがうまくいったかどうかを判断していくというような、事前に周到な準備をして教育をしていくことが重視されているかと思うのですが、そういう教育ではなく、「事後的・体験的・付随的な学び」、要するに身をもって体験をとおして学んでいくということ、それを重視することこそが教育の原点ではないかと思います。

教育というのは、先生から教わるということだけではなくて、自分から学んでいくということも重要です。そのようなことをこの講演会でも反映させることができないかと考えました。一つ目は、教育とは何かということです。ただただ教えてもらうわけではなくて自分たちで学んでいく、身をもって学んでいくということ、そういう教育の在り方を考えてみたいということが一つです。

「教育の原点」②—当事者性

それから二つ目は「当事者性」と書きましたけれども、当事者性というのは言い換えると学習者中心の教育ということになると思います。教育の原点として、学習する者の立場に立った教育というものを考えていきたいということです。

内山氏が詠まれた歌で「健常時　為さなきことを一つでも　わずかに動く　指に託して」という歌があるのですが、障がいを持たれた状態になって見えてくる生きる意味を今から内山氏が語って下さるのかなと思います。

障がいを持った方の様子というものを外から見るのではなくて、障がいを持った方自身から語ってもらうようなことを当事者性と言います。当事者研究というのは、科学的研究ではなく障がいのある人たちの自己認識のことであり、自分の障がいを主体的な問題として捉え自分のクオリティー・オブ・ライフの向上を目指す取り組みです。これを当事者研究というのですけれども、これは一つの教育の原点かと思います。つまり学び手、学習者の立場に立って教育を考えていくということです。

今回もＡＬＳを患った方の話を直接聞く、実はこれはとても貴重な機会で、なかなか普段の生活では難しいことだと思うのですが、直接語ってもらう中でその立場から見えてくる生きることの意味というものをわれわれが学んでいくということが大事だと思います。そういう意味で、学習者の立場に立った教育というものが、今回の講演会の一つのキーワードになってくるということです。これが二つ目です。

「教育の原点」③―「健常」と「障がい」の狭間で

そして三つ目ですけれども、内山氏の詠んだ歌に「生きるとは　生かされること天の命　人の愛育　地の恵みにて」という歌がありますが、生かされて生きるということにおいては、健常である方も障がいがある方も実は同じ地平に位置してるのではないかと考えます。

実際、内山氏はＡＬＳという病にかかったわけですが、その病は特別ではなくて、そのさだめの中で生きていくことに幸せを感じているという言葉が出てきたりします。人は必ず死ぬのだと、それは障がいを持っていようと健康な者であれ必ず死ぬのだ、死をそのように考えた場合に、障がいがあるかないかは、実は程度の差にすぎないのかもしれません。

ただ、やはり障がいを持った方が見る生《せい》、生きるということと、健常といわれる方の生きるということは見方が少し違うかもしれません。でもそれは程度の違いであって、実は同じラインに乗っている、お互いにそれほど大きな距離があるわけではなく、ただ立場が違うということかと思います。内山氏のような方が見る「生きる」ということと、われわれの考える「生きる」ということを合わせて、生きるとは何かということを考え、それを教育を考えていく一つの基礎としたいと思います。教育を考える上で、生きるとは何かという原点を考えてみたいということ、これが三つ目です。

「教育の原点」④――「特支」を超えて

そして最後になりますけれども、内山氏の詠まれた歌で「人生は　魂育む学び場だ　どんな運命《さだめ》も　錬磨の機会《チャンス》」という歌があります。この歌は「人生は」という言葉から始まりますけれども、人生とは、ライフとは、人間とは何かということをこの講演会をとおして考えてみたい、これが四つ目の教育の原点です。今回はこれからＡＬＳ患者の方をお招きするのですが、昨今よくいわれる特別支援教育、つまり障がいを持った方々がわれわれと同じような生活ができるようにどのようにインクルーシブな教育を行っていくか、という話ではありません。それからダイバーシティ、いろいろな状況にある方々と一緒に暮らしていくという話でもなく、またマイノリティ、障がいを持った方々も含まれると思いますけれども、そういう方をマジョリティに受け入れる民主的な社会をつくっていく、という話ではありません。

学び場として、人生をとおして学び続ける人間とは何か、そしてそのような人間を育てる教育とは何か。皆さんと一緒に、人間とは何か、人生とは何か、生きるとは何かとか、学習者中心の立場の教育とは何かとか、そもそも教育とは何なのかと、そのようなことを考える機会とするという狙いで講演会を設定しました。短いですけれども以上で私の説明は終わります。

内山幹敏氏との出会い

教育・総合科学学術院　教授　谷山　公規

それでは早速ですが、こちらで今回、私は北海道旭川市の内山幹敏先輩、サークルの先輩でしたので今日は先輩と呼ばせてもらいますが、内山先輩のご自宅に来ています。では最初に内山先輩の奥様の節子様、今いらっしゃいますので一言ご紹介をします。

内山（節）：こんにちは、内山幹敏の家内の内山節子と申します。今日はこのような素晴らしい講演を企画してもらいましてありがとうございます。どうかよろしくお願いします。

谷山：それからこの講演会、今日のこのビデオ通話接続から始まって、講演ビデオの準備などで大変ご協力してもらいました北海道難病連旭川営業所の廣川真也様も、今接続のお手伝いをしてもらっていますので、廣川様もご紹介しておきます。

廣川：皆さんこんにちは、廣川といいます。普段内山さんの福祉用具のお手伝いをしています。ビデオを頑張って作りましたので、ゆっくり見てもらえればと思います。よろしくお願いします。

谷山：それでは、今日の講演者の内山先輩を、ちょっとカメラを切り替えて内山先輩の映像に切り替えたいと思います。

内山：皆さん、今日はありがとうございます。つたない講演ですが、ＡＬＳの理解の一助になると幸いです。

三五年前の内山氏との出会い

谷山：では、早速今回の、先ほど佐藤先生から基調提案をしてもらいましたが、今回のこういう講演会を企画することになったいきさつを私からお話ししたいと思います。

こちらが、内山先輩が詠まれた短歌です。「T君が　虫の知らせと　ITの　合わせ技にて　わがこと知ると」ということです。

これはどういうことかといいますと、私は一九八三年に早稲田大学教育学部に入学しまして、今から三五年くらい前になるかと思いますが、一年生のときにサークルで空手道佐藤塾という、村山先生が顧問をしてくださっていたサークルに入りました。そこでそのときに当時四年生だったのが内山先輩です。ですから、三五年前に先輩とお会いしました。

ところが少し空手をやってみまして、私は非常に、佐藤塾の佐藤勝昭師範をはじめ皆さんの人柄とかひかれるものがあったのですが、ちょっと自分の体には空手は合っていないなと思いまして、大体一年足らずで空手のサークルは退部しました。

ただ、その後ずっと先輩方の何人かとは年賀状のやりとりを続けさせてもらっていまして、その後北海道に戻られた内山先輩からも三〇年間ほど毎年年賀状をもらっていました。大抵一言書き添えてくれていまして「元気かい？　機会があったら遊びにおいで」のように書いてくれていました。私と、もちろん年賀状のやりとりを続けるということは、皆さんもそうなのですけれども、特に先輩とはどこかに心のつながりのようなものを感じていました。

でも、そうはいいましても北海道ですから、なかなか実際に遊びに行くことは難しいかなというように思っていましたが、二〇一三年くらいからですか、ちょっと三年ほど年賀状をもらわなくなりました。でも何かで年賀状が途切れるということはよくあることですので何かあったのかなと思ったのですが、二年前、二〇一六年の一月に、「今年ももらわなかった」と思いまして、何か、先ほど虫の知らせの歌を紹介しましたが、何か自分は大事なことを忘れているのではないかと思いました。

内山氏がＡＬＳにかかられていることを知る

何か異常なものを感じまして、内山先輩のお名前をインターネットでフルネームを入れて検索してみました。そうしますと、森山メモリアル病院さんのホームページというのがヒットしまして、それが今でも検索するとすぐ出てくるのですが、それが「短歌に想いを託して」というページで、先輩が実はＡＬＳにかかられているという記事が出てきました。ここで初めて先輩がＡＬＳにかかられていると知りまして、すぐに佐藤塾の先輩方にメールしまして、北海道のご自宅にお見舞いに行きました。

ご自宅に伺ってからしばらくして、自宅のほうへ完成した歌集をお送りいただきました。それが二〇一六年の五月なのですが、そこに添えられた私宛てのお手紙の中で、「できれば講演会や座談会の形で直接人に語りかけてみたい」と書かれていました。

それがきっかけになりまして、その後私が所属します教育総合研究所の講演会の企画に出しました。はじめに提案したのは一年くらい前で、そこでとても難しいかなと思ったのですが、幸い「これは非常に意義あることなのでぜひ何とかして実現を考えましょう」というお話になりまして、それでこのようなビデオ通話を使ったリモート講演会の形ですが、実現する運びになりました。関係の皆さまに、内山先輩にはもちろんですが、非常に感謝しているところです。

では、このようなところで大体今回の講演会のいきさつをお話ししたかと思いますので、それでは早速内山先輩の講演を拝聴したいと思います。

【リモート講演】

どんなとき状況であれ昨日より良く生きられる人間だから

元高校教員、歌人　内山　幹敏

皆さんこんにちは。本日は、こうして講演の機会をいただき誠にありがとうございます。

私は一九八五年に早稲田大学を卒業後、約三〇年間、故郷の北海道で高校の教員をしていました。

若いときには柔道や空手を習い、最後の勤務地となったここ旭川の高校では山岳部の顧問にもなり、年に二〇回ほど大雪山系や十勝連峰を中心に山に登っていました。ですから五〇歳になっても体力・脚力には揺るぎない自信を持っていたのです。

ところが五一歳のとき、いまから六年前ですが、ＡＬＳ（筋萎縮性側索硬化症）という病に突然罹りました。

この病気をよく知らない人もいるかもしれません。簡単に説明しますと、人間は脳の命令を脊髄の運動神経細胞が受け取り各種筋肉に伝えることで、体の各部位を動かすことができます。ＡＬＳはこの運動神経細胞が死滅し、機能しなくなることで、全身の筋肉（随意筋）が動かせなく

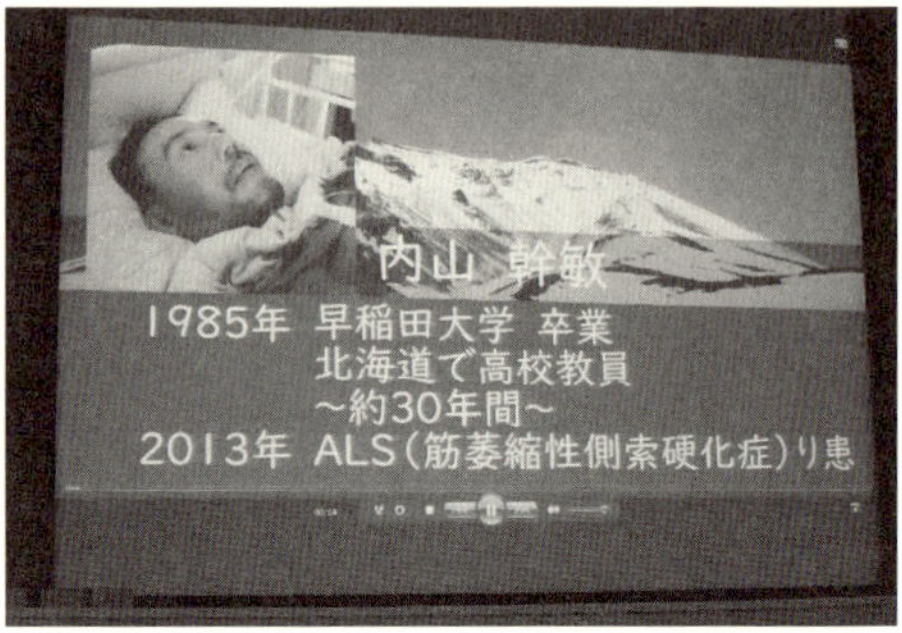

なる病気です。人により進行の度合い、動かせなくなる部位の順序は差がありますが、いずれにせよ、早晩、口からものが食べられなくなり、呼吸が自力でできなくなり、自然状態では、平均二年から五年程で死に至ります。

ALSという病気について

私の場合、まず脚と腕が動かなくなり、座位を保つことも困難になり、発病から二年後にはほぼ寝たきりの状態になりました。三年前、つまり二〇一五年の春には、口から食べることも、自発的に呼吸することも困難になりました。当時はまだ気管切開しての人工呼吸器は装着していませんでしたが、バイパップと呼ばれる呼吸器マスクを二四時間つけ、食事はすべて胃に直接栄養剤を流し込む生活を余儀なくされるようになりました。

この病のはっきりした原因はいまだ分かっておらず、したがって治療方法もないのが現状です。延命のためには、先ほど言った、胃ろうと言って胃に穴を開けそこからチューブを通して栄養を流し込むことと、気管切開して人工呼吸器を装着することが必要不可欠になります。しかし人工呼吸器をつけると命との見返りに永久に声を失います。

自分がこの病にかかっていることを知ったとき、さすがに「ヤッター」などと思えるわけがなく、私は深い深い絶望の淵に沈みました。癌などとも違い、一パーセントも治る見込みがない死に神に取り憑かれたのですから。

いまの私は、顔以外は動かせない、口から食べられない飲めない、話せないの三ない男。延命措置をしても、これが一生続くか、やがて顔も動かなくなるというのがＡＬＳという病の実態なのです。

どうですか？　悲惨だと思いますか？　少なくとも自分は絶対こうはなりたくないというのが、正直な感想でしょうか？

だからみなさんに、いま一度ここで是非認識して欲しいのです。

自由に身体が動かされ、たとえ全部でなくてもです。思いっきり運動に打ち込め、好きなものやお母さんや妻の手料理が食べられ、口から水が飲め、友達や家族、先生たちと会話や、たわいないおしゃべりができる。そんな何げない、当たり前と思っていることが、実はどれほど贅沢で幸せなことであるかを。

自分自身の実感について

では、私自身は私のことをいまどう思っているか、率直にお話ししたいと思います。結論から言えば、私はこの病であることを「特別のことではない」と思っています。それどころか、私はこの運命に私なりに意義を見いだし、幸せを感じて生きていると言えます。短歌を詠むようになったことも、いまこうしてみなさんにお会いして、お話する機会をいただいていることもその一つです。病気にならなければ、あり得なかったことですから。

勘違いして欲しくないのは、私は生来弱虫で意志薄弱な人間です。先ほど述べたように、この病を告知されたときには絶望感に陥り、それからは生きる意味も意欲も失い、正直何度も自殺を考えました。

三年前の春に、私はついに「その時」が迫っていることを感じていました。息苦しさに耐えがたくなっていたのです。私はその時はまだ、気管切開をしての人工呼吸器を装着することを考えていませんでした。動けない体のまま、治る見込みのない病を生きる勇気がなかったし、延命は家族、特に妻に迷惑をかけるだけだと考えていたからです。ちなみに、この国では、ALS患者の約七割の方々が延命措置をせず死を選びます。私もその多数の仲間の一人になる予定でした。

ところが、医師の進めでとりあえず、呼吸の補助的器具として呼吸器マスク（バイパップ）を試してみると、呼吸が格段に楽になり、思考も沈着明晰に行えるようになりました。息苦しさが解消されるとともに、私の中で生命の炎が再び力強く灯るのを感じたのです。

そのときに私は単純にこう考えました。

短歌に込めた思い

人は誰もが必ず死ぬ。自殺をしようがしまいが。そちらの会場にいる若い皆さん方だって全員必ず死にます。それがいつ、どのようによってかが分からないだけで。でもだからといって、どうせいつか死ぬのだから何をしても仕方ないと、無目的・自堕落に一生を過ごすことが良しとなど言えるでしょうか？

「人間は『死への存在』死を見つめ受け容れて知るかけがえない生」

人はみな確実な死へ向かう限りある時間を、二度と戻ることのないかけがえのない一日一日を自覚し、それだからこそ夢を抱き、人を愛し、可能性を実現するために生きるべき存在です。そのことは、健常者だけではなく、障害者も余命何カ月と宣告された病人も、同じ人として変わらないはずです。人間は健常者も障害者も関係なく不完全な存在で、ゆえに一生等しく成長できるはずだからです。

そして同時に、私の痩せさらばえた肉体の中で、頭と心が一致したある信念が確立しました。肉体を鍛えるために負荷をかけることが必要なように、人生の苦悩や逆境と自覚される試練こそ、魂を鍛え育む糧である。だからこの病の運命を受け入れ、生き切ることにも必ず意義があると。例えば、スポーツで拍手喝采を浴びるのは、勝者や金メダリストだけでしょうか？　けがをして足を引きずりながら、最後まで諦めず、最後尾でフィニッシュした選手にも、感動の惜しみない拍手が贈られるでしょう。

大切なことは、どんな苦境にあろうと己に負けず、その中で最後まで持てる力を出し切ること。このような当たり前のことから、いまの自分はいかにかけ離れているか。私は自分の甘さ弱さを恥じ入りました。

ですから私は、「できない」ことを嘆くのではなく、この病の体を常態、あくまで常の状態と捉え、さていまの自分に何が「できる」か、何を「やりたい」かを真剣に考え、それを行うことに専念しようと決意しました。例えば、仏教では人間の行為を身口意《しんくい》の三業《さんごう》で総称します。

身業《しんごう》＝身体の所作　……×
口業《くごう》＝口で話すこと……×　→　○に転換も可能
意業《いごう》＝心で思うこと……◎　→　それを表現すること……◎

私は身体を動かせない。身業は完全にペケ（×）です。話もできない。口業もペケ（×）です。しかし、人の協力や機器を用いれば、話せない私でもこうして皆さんに「語りかける」ことができるのですから、意欲と工夫次第ではマル（○）に転換することも可能です。この講演は、私にとってまさに新たな可能性への挑戦なのです。三番目の思考し想像するなど心の働きは、私でも皆さんと同じく全く妨げられず自由ですから、意業だけは二重マル（◎）と言えます。さらに加えて、私がもともと好きで、これまで莫大な時間を費やしてきた、思いを「文章で表現する」ことも、身障者用のソフトや機器を使えば、肢体の全く動かない私でも、時間がかかり、労力を必要とするとは言え十分可能です。

つまり私が「できる」こと、「やりたい」こと、為すべきことは、まず第一に、自分の思いを文字にして表現することである。具体的には、一人のＡＬＳ患者として生きることの偽らざる苦悩と、それでも屈しない精神や意志、愛や感謝の真心があることを表現し、世間に発信することだと考えたのです。それによって、同じように病や障害を持ち苦悩する人たちはもとより、読んでくださる方々みなの心を揺すり、それぞれの抱える悲しみや苦しみを和らげ、生きる勇気を灯す力に少しでもなりたい。そう思ったのです。少し大げさに言えば、それが不治の病の運命を背負った私の生きている意義であり、使命ではないかと。

短歌という形式を選んだのは、「三十一文字《みそひともじ》」で一首が完結することで、重度障害者の私でも比較的負担なく表現できると思ったことと、この際、あえて新しいことに挑戦したかったからです。

「人生は魂育む学び場だどんな運命《さだめ》も錬磨の機会《チャンス》」
「健常時為さなきことを一つでも僅かに動く指に託して」

これらの歌は、歌を詠み始めたごく初期の頃のものです。そしてこれらに込めた決意と信念が、私の歌の基調の一つとなりました。

ですから私は、短歌を詠むに際して、一、困苦の中でも自他を鼓舞し勇気づける。二、周囲の人たちに感謝の念を捧げる。三、障害者であれ健常者であれ生きる希望を灯す力になる。これらのことを、何よりも望んでいます。

しかし同時に肩肘張らず、その時々の自分の気持ちを偽らず、悲哀や苦悩、時には絶望感をも正直に吐露してきました。死によってこの現実から逃げたい気持ちも、まだ心に巣くっています。時にはそうした歌も詠んできました。逆説的になりますが、そうしたネガティブな心情を言語化して客観視することでしか、死や狂気へと逃避しそうな自分を克服する道が私にはないからです。私は弱い人間であることを自覚しており、日々刻々、病に挫かれそうな心との闘い、生と死の葛藤の中に事実います。例えば次のような歌がそれを表しています。

「いい夢を見ながらいっそ覚めないでそのまま死ねばどんなにいいか」
「そんなこと思う日もあるふと急に深い孤独が胸締め付ける」
「ある自分ありたい自分憂鬱と昂揚に揺れいまを生きてる」
「夜になりまた朝が来る雨が降りやがて日が射すそんな風にも」
「どの我もありのまま容《い》れ『そうだね』と歌詠む我を無二の親友《とも》とし」

それでもなお、私は先に述べたように、みなさんが想像するほど不幸だとは思っていません。私は確かに、動けない・食べれない・話せないの三ない男です。そのことは、健常者に比べ大きなハンディであり、不自由であり、時に屈辱を味わうことも事実です。でもそれは、逆に見れば私にできないことはその三つしかなく、その他のことは、みなさんと同じく自由に「できる」のです。

「見る」「聞く」などの感覚は、いままでどおり妨げられず、そして何よりも考える自由、精神の自由は全く奪われることはありません。身体は地上を動く自由を失いましたが、精神は言葉という翼を駆使して自由に空を羽ばたける。そのことを証明し、病者に希望を、健常者にも勇気と感動を届けたいと、当時まだ僅かに動いた一本の指を使い、障害者用の特別なソフトでパソコンに一字一語を遅々と打ち込みながら短歌を詠んでいきました。

自由に思考でき、それを表現できる。このことは私にとって何よりも大切で、楽しく、充実感をもたらし、また人としての尊厳の中核をなす。このことを無くさない限り、私は十分に幸せに生きられる。三ない男になったくらいで甘えて挫けるな。弱虫が心を支配しそうになると、それはしょっちゅうですが、私はこう思い、自分を叱咤激励しています。

自ら死を迫られるほどの苦しみとは何でしょう？　私はいまこう考えています。肉体的には、呼吸苦や飢餓などに喘ぎ、実際に生命を維持できる要件を満たしていないとき。この点は、先ほど言ったように呼吸器や胃ろうを着けることで解決できます。

精神的には、思い表す自由ほか人としての尊厳を奪われたとき。そして愛する人、かけがえのない大切な人を失ったとき。

少なくとも私には自由に考え、さまざまな機器やツールを使って創作し、語りかけ、コミュニケーションをとれる方法があります。人として尊厳を保って生きていけます。また愛する妻がそばにいて、私を常に支えてくれています。多くのスタッフの方々もいつも私を親身に援助してくれています。だから私は十分に幸せで、死ぬ理由などないのです。

アフリカで生まれてまもなく栄養失調で亡くなる赤ちゃん、戦火に怯え命を奪われる子どもたち、独裁者の洗脳・恐怖政治のもと自由にものを言えない行動できない国の人々。そのような人たちと比べるまでもなく、私はこの国の健常者と言われる人たちと何ら遜色なく幸せに生きています。楽しみ・喜び、ときに悲しみ・傷つきながら。他者への憎悪、嫉妬、自分への卑下、憐憫などのくだらない感情にとらわれないよう気をつけながら。

先ほど述べましたように、ここに到るまでにはさまざまな葛藤があり、いまも抱えていることも事実です。まだまれに好きだった登山がしたいとか、ラーメンをもう一度食べたい、せめて水を口から飲みたいと、未練がましく思ったり、夢に見る自分もいます。でもそんなことは、人として生きる大切なことに比べれば些細なことです。妻に対しては迷惑と負担をかけっぱなしで、正直、生きていることに罪悪感をもち、苦難を糧として生き抜くという信念との間に常に葛藤があることは事実ですが。

私は世間一般では不治の病にかかった、憐れな重度障害者と見られ、私のようなものを生きる価値のないゴミと決めつける者がいることも事実です。その一方で、病は苦悩の見返りに思いもしなかった新しい道へ私を導き、そのことが人生の意義を自覚させることで、病にかかる以前より私を幸せにしてくれたこともまた事実なのです。私の歌集はまだごく少ない人たちにしか読まれていませんが、読まれた方々の多くからは感動を伝える言葉が寄せられています。ともかく、私の言葉が読む人の心に染み入り、ALS患者の思いを知らせ、合わせて障害者に対する偏見を取り除く一助になるのなら、私は幸せで、いまのこの生は良き生だと心底思えます。

私は歌集『肉塊の歌』の中で次のように書きました。

「もし不治の病に罹っていなければ、私は生涯、短歌を詠むことはなかったでしょう。いまの私の夢は病がもたらしてくれたのです。絶望から立ち昇る希望もある。どんな状況であれ、生ある限り諦めず、そのときに出来得ることを精一杯に継続していけば、新たな道は必ず開ける。私はそう信じています」

そして二年間精魂込めてほぼ毎日詠み続け、二冊の歌集に二五〇〇首以上の歌たちを成し遂げました。それらの歌たちに感動したり、生きる希望や勇気を鼓舞される読者が一人でも多くいるならば、私はある意味で確かに健常時の自分を、昨日の自分を乗り越えたと言えるでしょうか？

「意志あらば僅かに動く肉体で五体満足凌駕し得たる」

今日の講演で、私という一人のＡＬＳ患者、三ない男を通じて、いつどのような境遇になろうと、人はそこから道を開き、可能性を広げられること、そして幸せを感じて生きられることを知っていただきたかった。それによって、みなさん一人ひとりがいかなるときでも前を向いて、それぞれの場で希望を棄てず生きる人であって欲しいと願っています。

最後に運命という連作を紹介したいと思います。

「生きている日々葛藤抱き死の淵に架かる吊り橋よろめき歩き」
「わが歌に『心揺すらる』『感動す』その言葉のみ進む支えに」

「もし病罹らなければ我歌を詠むことなどは生涯なかりし」
「どのような荒地《あれち》にさえも必ずや希望の種は隠れ植われり」
「どれほどの悲しみからもその流す涙で芽生え育つ木はある」
「不幸とか悲しみ被《かぶ》り顕れる幸福もあり歓びもある」
「運命と強い意志とが感応し真の使命に目覚めて生きる」
「我はいま感動灯し幸せを人に贈れる幸せ生きる」
「そは至極良き人生ですばらしき使命なるゆえ運命祝す」
「運命は魂磨く計略だ聞き逃すまじ『自己《ダイモーン》』の声」

本日は私のような者のために、貴重な時間をいただきましてありがとうございました。

質疑応答

教育総合研究所副所長、会場司会　和田　敦彦
リモート回答　内山　幹敏
リモート回答　内山　節子

和田：こちらの会場で、来場者の方々より先ほどの講演についての質問をお寄せいただいております。たくさん質問をもらっていますので、全てをご紹介することはできないかもしれませんが、せっかくの機会ですので質問者の方から直接マイクを通して内山先生へ質問してもらえればと思います。それでは、進行の関係で、幾つかこちらから選んで質問をお願いします、申し訳ありません。最初のご質問を、Hさんお願いいたします。

身近なひとがＡＬＳにかかったときに、どのように支えれば良いか

Ｈ：今日は魂を揺すぶられる話をありがとうございました。質問なのですけれども、最近私の娘の友人のお母さまがＡＬＳを発症されまして。彼女は五〇代でＡＬＳを発症されて、今日にも明日にも胃ろうを開けるかどうかとか、そういう話を現実に聞いているのですが。それを支えているご家族がやはり、旦那さんがもう毎日涙で、それに比べてお嬢さんがすごく気丈に涙を見せないでご家族を支えていらっしゃいます。また、ママの友達の中では、「元気なうちにどこか旅行

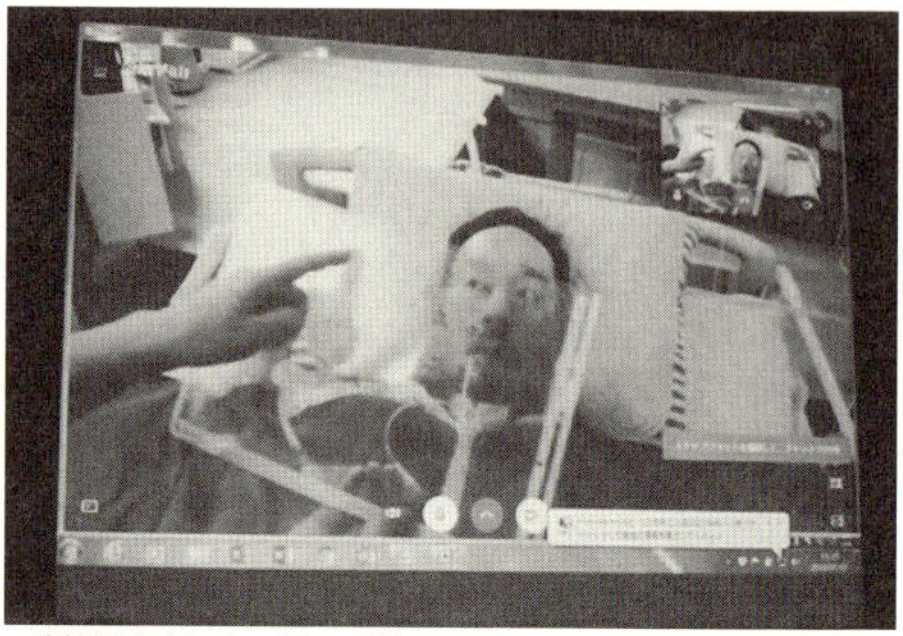
質疑応答中、目の動きでひらがな表を指し、質問に回答する内山氏

に行こうね」とか、「次にこういうイベントをやろうね」とかそういうことで気持ちを和らげたり支えてあげられるのではないかと思ってやっているのですが、ご家族は、そのご本人と、どのようにして支えてあげられることができるかというのをちょっと悩んでらっしゃいまして、教えてもらえればと思います。

和田：それは内山さんもそうですけれども、内山さんのやはり奥さんについて聞いていったほうがいいでしょうか。いかがでしょうか。

H：奥様にもぜひ。

内山（節）：すいません。とても難しい質問なのですが。何と答えればいいのでしょうね。一人で見るとやはりちょっと大変だと思うのです。ですから、そういう意味ではケアマネジャーさんとか訪問看護のナースの方とか、あと理学療法士の方とか、いろいろな方たちに支えてもらいながらやはり暮らしていく、暮らしやすいようにしていくということがまず第一ではないかと思います。

一人ではとてももちません、頑張れないので、たくさんの方たちのサポートをもらって日々暮らしていくというのが今の私のスタイルかなと思います。

和田：ありがとうございます。それでは、次のご質問者のOさん、いらっしゃるでしょうか。

一番思い入れのある歌について

O：貴重なお話ありがとうございます。今まで多分たくさんの歌を詠まれていると思いますけれども、その中で一番思い入れのある歌について、どのような歌なのか教えてもらいたいのと、できればその歌を詠むに当たった背景とかも教えてもらえたらうれしいです。

内山：全ての歌に思い入れはありますが、あえて一つ選ぶとしたらカーネーションの歌(1)です。母の日に母を思い浮かべた瞬間に、全ての字句が一瞬に出てきた歌です。

和田：それでは、次にSさん、ご質問をお願いします。

ALSに罹患してからのターニングポイント

S：どうも内山先輩、お久しぶりです。佐藤塾でお世話になりましたSです。何かお顔はつやつやしていて、もっとやせられてしまったかと思ったのですが、すごく健康そうなお顔でびっくりしました。先輩のお顔を見ると、黒帯を取るための十人組手を達成された、みんなが大勢「内山先輩ファイト！」を叫んでいるところを思い出すのですが、ちょっと今日はその思い出話だけしていてもしょうがないので質問させてもらいます。

当初、その病気が発覚されて絶望の淵に落ちたというお言葉がありましたけれども、それが今の心境に変わったというのは、何か突然やはり短歌をとおして瞬間的にそのときが訪れたのでしょうか、ずっといろいろなことを考えて時間が経過して変わっていったのでしょうか。少しそこをお聞きできればと思います。

内山（節）：ターニングポイント。

内山：今も強い葛藤の中にいます。自分では分からないが、その自分を客観化して文字で表現することしか自分を救う道はないのだと気が付きました。

　歌を詠むようになったのは、ある種運命だと信じている。それが転機です。

和田：ありがとうございます。本当に自分を外側から見て言葉にしていく、またその歌にそこで出会えるということ自体が非常に大きなターニングポイントになっていたということがこちらにも伝わってまいりました。

注

（1）「カーネーション贈れないけどこの命贈りものなら今日も生きなむ」

感想・コメント

早稲田大学名誉教授　村山　吉廣

村山：ご紹介を頂きましたように、内山君とは早稲田の佐藤塾空手同好会の部員と顧問との間柄にあるとともに、文学部東洋哲学科の教授と学生との関係にあり、稽古着を着けて熱心に稽古に励んでいた姿と同時に、演習で中国の古典『詩経』の古い注釈のコピーを手にして読解に苦心している様子も鮮やかによみがえってきます。

内山君は誠実で、修行者にも似た哲学青年でした。君とは親しい間柄だったので結婚式にも招かれ、冬の北海道に初めて訪れました。あの豊平川の河原に雪の積もっていた風景が今でもまざまざと思い起こされます。婚礼で乾杯の音頭を取らせていただきましたが、内山君はそのことをきちんと覚えていて、「婚礼で　『乾杯』の声　響き和す　その立ち姿　今も変わらず」と歌に詠んでくれています。

内山君が紋別の高校に就職したと聞き、紋別は北海道のどこにあるのかと当時一生懸命地図で探しました。その後も張り切って勤務を続けているとばかり信じておりましたが、思いも寄らず病気にかかり壮絶な戦いをしていると聞き、がくぜんとしました。どんなに切ない心境なのか想像も付かないまま、見舞いに行ってくれる元主将の西村和之氏をはじめとする人々に託し、旭川

の大雪山下の病床にある君に「大雪の　針葉樹林を　渡り来る　その風音を　いかに聞くらむ」という歌を贈りました。内山君からは「大雪の　声聴かれねど　いま聞くは　青春ひびく　キャンパスの声」という返し歌がありました。

内山君、そのキャンパスも五〇年間、だいぶ変わってしまいました。本部キャンパスの古い建物は次々と建て替えられ、戸山キャンパスのスロープ右手のあの記念会堂も改築され、辺りの景観も一変してしまいました。私が内山君に贈った歌に「若きらが　集ひて飲みし　早稲田軒　今もなほあり　バスの通りに」がありましたが、大学のキャンパスが拡張され早稲田軒も飲み込まれてバスの通りから姿を消してしまいました。

次に、じっくりと読ませていただいた内山君の歌集二冊について、私の感想を申し上げます。二冊はどの歌も魂が込められており、将来必ず注目する人が多く出て広く読まれるものと信じます。それぐらいどんな歌にもこんなに魂の込もった歌集は他にはめったにありません。

しかも内山君は、自分の苛烈な病苦との対決を詠むばかりではなく、政治の問題、社会の問題、日本人の在り方などについてもきちんと向き合っています。また日常身辺のことでも、野球の北海道日本ハムファイターズについて「ファイターズ　マジック点《と》もる　諦らめぬ　思いがあれば奇跡が起る」と絶大な声援を送っています。幸いにして今年もファイターズは好調で西武と首位を争っていますから、優勝の可能性は大であります。

内山君の哲学青年の面目は、病気になっても少しも衰えず、今も西洋哲学書や仏典を幅広く読んでいます。厳しく現代を見つめ、人生を考え、人間存在の意義を思索の対象にしています。内山君は病気のために思索や読書をやめてしまうような弱い精神の持ち主ではありません。

「肉体が　移動するのは　地に這へる　自由にすぎず　矮小なこと」

「人多く　虚空の中に　孤立した　原子《アトム》のような　存在となる」

「精神が　思考するのは　天翔《あまか》ける　自由の如し　宇宙に昇る」

「身体に　不自由ありし　我なれど　自由において　人後に落ちず」

普通の日常語の語り口で詠んでいますが、格にはまった立派な伝統歌になっているのはさすがです。天分があります。無用の技巧を一切削ぎ落として、おのずから万葉調になっています。

さりげない日常の歌でも、内山短歌の魅力はそこにもあります。

「わが命　一日一生　悔んだり　嘆いたりする　暇とてなし」

「こんなこと　詠んでいるよじゃ　資格なし　歌よ許せよ　歌よ救えよ」

ところで、今日のこの会場には、多くの方々が集まってきて、内山君の講演に熱心に耳を傾けてくださっています。非常に感動的でした。この会場におられる人々にだけではなく、広く世間一般、老若男女を問わず聞いてほしかった講演でした。

同好会からは西村先輩、後輩で弁護士として活躍している菅谷君、菅谷君の同期で金沢からはるばる来てくださった佐藤君もみえています。全国に散らばっている後輩たちも皆「内山先輩ファイト！　内山先輩頑張れ！」とエールを送ってくれていることと信じます。

現在、医学の進歩で治療に少しずつ光が見えてきていると聞いて、何よりも救いです。

最後になりましたが、介護のために尽くしてくださっている内山君の奥さまに心より敬意を表します。また、このユニークな企画を積極的に推進してくださった本学教育総合研究所の町田所長をはじめとする関係者の皆さまに厚く御礼を申し上げます。

リモート講演会を終えて

谷山　公規

二〇一八年七月七日（土）に旭川市と中継で繋いで早稲田大学でリモート講演会「教育の原点―ＡＬＳ患者が短歌をとおして語りかける人生で一番大切なこと―」が開催されました。縁あって私はこの講演会の企画提案をし、その準備と実施に関わらせて頂きました。本稿ではこの講演会の経緯を述べて記録として留めたいと思います。

一　概要
二　発端
三　講演会の提案
四　講演会の準備
五　講演会の実施
六　内山先輩の他界
七　おわりに

一　概　要

講演者の内山《うちやま》幹敏《みきとし》氏は、私が一九八三年に早稲田大学一年生として入会した空手サークルの四年生の先輩でした。それで本稿では内山幹敏先輩と書かせて頂きます。先輩とはその後三〇年ほど年賀状だけのお付き合いでした。年賀状を二〇一四年から頂かなくなり、二〇一六年にインターネット検索で先輩がＡＬＳ（筋萎縮性側索硬化症）に罹られていることと、罹られてから短歌を詠まれるようになられたことを知りました。すぐにサークルの他の先輩方に連絡をとり、旭川のご自宅で療養中の内山先輩をお見舞いに伺いました。二〇一六年五月に完成した歌集「肉塊の歌」をお送り頂きました。そこに添えられていたお手紙の中に、ご自分の今の心境を講演会や座談会の形で直接人々に語りかけてみたいと書かれていました。二〇一七年六月に早稲田大学教育総合研究所の講演会企画募集がありましたので、内山先輩を主講演者としての企画を提案してみました。その結果、実現を検討する意義があると評価され、実施についての検討が始まりました。航空機で早稲田大学にご来場頂くことを検討しましたが、ビデオ通話で旭川のご自宅と早稲田大学を繋いでのリモート講演会の形で実施することになりました。講演会は二〇一八年七月七日に開催され、参加者の心に響くメッセージを伝えることができました。七月二二日に内山先輩は容体が急変され他界されました。ここに内山幹敏先輩のご冥福を心よりお祈りするとともに、先輩の生き方・心意気は、残された短歌や講演記録などをとおして、今も生き生きと我々の心に語りかけてくるものであることをお伝えしたいと思います。

二　発　端

本講演会の起源は、私が内山幹敏先輩に初めてお会いした一九八三年四月にまで遡ることができます。一九八一年三月に都立高校を卒業した私は、二年浪人した後、早稲田大学教育学部理学科数学専修に入学しました。自身の精神的な弱さを痛感していた私は、なにか自分には鍛錬が必要だと思って、それに適うサークルを探していた記憶があります。そして空手道佐藤塾早大同好会というサークルに惹かれるところがあり入会致しました。そのとき四年生で副将をされていたのが内山先輩です。先輩のイメージは孤高の求道者といった印象で、一見近寄り難い感じもありましたが、私は先輩に秘められたユーモアの心を感じていたように思います。このサークルの稽古は厳しかったのですが、それは望むところでした。しかし当時も極めて細身だった私の体には同じ空手でも別の流儀の方が合っているように考えて、入会して一年足らずで佐藤塾は退会してしまいました。その後も佐藤塾の先輩や同期の数名とは年賀状のやりとりを続けておりました。その中でも内山先輩とのやりとりはずっと続き、いつも一言手書きのメッセージを添えてくださっていました。「機会があったらこちらに遊びにおいで。」というようなことも何度かお書き頂いたことがあったと思いますが、先輩は郷里の北海道に戻られていましたので、なかなかそのような機会を持つのも難しいかなとは思っておりました。

ところが二〇一四年から先輩からは年賀状を頂かなくなりました。それが三年続きましたので、二〇一六年一月に「何か自分は内山先輩からの大事なメッセージを失念しているのではないか。」と胸騒ぎがいたしまして、インターネットに先輩のお名前を入れて検索しましたところ、森山メモリアル病院さんの「短歌に想いを託して」という記事がヒットしました。それで先輩がALSにかかられていることを知りました。このことは後に先輩の歌集の中で「T君が虫の知らせとITの合わせ技にてわが状況《こと》知ると」と詠んで頂きましたが、確かに現代科学ではまだ説明のつかない何か特別なものを感じたような気がしております。

それで佐藤塾の先輩二名と北海道旭川市のご自宅までお見舞いに伺い、内山先輩と約三〇年ぶりに再会しました。このときすでにALSにかかられてから四年が経過していました。内山先輩はベッドに寝たきりで、奥様の節子様が透明な文字盤を使われて、文字盤の文字越しに目線が合ったときに先輩が瞬きをされることで文字をひろって文章にする、という方法でわれわれと会話をされました。また、わずかに動く指で障害者用ソフトのインストールされたパソコンを操作されて、自作の短歌を記録されるところも見せて頂きました。お互いに再会のよろこびと深い感慨に包まれたひと時でした。当時は私のALSに関する知識も乏しく、先輩とお会いするのはこれが最後になるのかも知れないと思いつつ帰京致しました。

二〇一六年五月に完成した歌集「肉塊の歌」の冊子体をお送り頂きました。そこに添えられていたお手紙に「私には科学の力も借りれば『呼吸』『感覚』『思考』『表現』という少なくとも四つもの『できる』があり、これらを使えば肉体的に苦痛なく、人間として精神的にも尊厳を持ち生きられる。このことに比べれば、食べられないとか、体を動かせないことなど嘆くに値しない。それなのに私は悲観的になり、死すら望んでいた。私は自分の弱さ甘えを恥じ、いまの私に出来、人のためになることを必死に考え、実行しようと決心しました。結局それは『言語表現』であり、そこに込める肯定的メッセージである。私の体力や動かせる指の僅かなことを考えると、なるべく少ない文字で完結できる形式がよい。こうして私は短歌という手段を選んだのです。」とあり、私は非常な感動を覚えました。また「私の短歌を読んでくださる方が一人でも多く、なにがしか心に響き、魂を揺すられる感情、言い換えれば、共感・感動・勇気・希望・愛などを心に灯し、そのことによって、それぞれが抱えている苦悩や悲しみ、不安や苦境をやわらげ、前を向き生きる助けになりたい。」とありました。そしてそのお手紙の最後に「いま私には新たな『夢』があります。それは書物で見えない読者に語りかけるだけでなく、講演や座談会などの形で、生徒や医療関係者や様々な人たちに直接語りかけてみたいというものです。」と書かれていたことが心に深く残りました。

三　講演会の提案

私は二〇〇一年から母校の早稲田大学教育学部に教員として勤務しておりました。教育学部の属する教育・総合科学学術院内に教育総合研究所があり、縁あって私は二〇一二年九月から二年間研究所の幹事を務めさせて頂きました。そしてその後も研究所の運営委員を務めさせて頂いております。教育総合研究所では年に二回のペースで教育最前線講演会シリーズを実施しておりまして、二〇一七年六月に今後の講演会の企画募集がありました。かねてから内山先輩のお手紙のことが念頭にありました私は、これは天与の機会と思いまして、内山先輩を主講演者としての講演会企画案を練り、七月二五日の研究所運営委員会で提案してみました。有難いことに複数の委員の先生方から賛意を頂きました。特に教育学科の菊地栄治先生に意義を高くご評価頂きうれしく思いました。そして、いろいろと困難はあるかもしれないが実現を検討する価値がある企画である、との結論となりました。

四　講演会の準備

それで早速講演会実現へ向けての検討を開始致しました。内山先輩へのメールと、奥様の内山節子様へのお電話で連絡をとり、講演会開催についての打診を致しました。講演会企画のことをお伝えしたのはこの時が初めてでした。急なご連絡でしたので少々驚かれたご様子でしたが、よろこんで前向きに検討したい旨のお返事を頂き、実施についての検討が始まりました。奥様にはこの時以来ずっとお世話になりました。奥様のご協力なしにはこの講演会はそもそも成立致しませんでした。ここに心より御礼申し上げます。その後先輩とのやりとりを続けながら少し時間をかけていろいろと案を練りました。そのときの様子をお伝えするために、当時の企画案の一部をここに再録します。

教育総合研究所　教育最前線講演会企画案　二〇一七年一〇月一一日　谷山公規

テーマ（講演会題名）：

教育の原点―ＡＬＳ患者が短歌をとおして語りかける人生で一番大切なこと―

趣旨：教育とは単なる知識の伝達ではなく、自他の存在意義を認め、共存共栄できる人間を育てることであると考えます。そのような教育をするためには、教える立場の人間が、つねにこの教育の原点に立ち返っている必要があると考えます。ＡＬＳ（筋萎縮性側索硬化症）患者の内山《うちやま》幹敏《みきとし》氏は、現在ほとんど体を動かせない状態ですが、わずかに動く指（視線入力ソフト？）を使ってパソコンで短歌を詠んで発表されておられます。そしてそのような生き方の中に、ご自身の存在意義、生きる喜びを見いだされておられます。内山氏の生き方に触れることによってわれわれは、自分にも存在意義があること、たくさんの能力を与えられていること、多くの幸せに囲まれていることに気付かされます。内山氏の短歌をとおして、教育の原点である人生で一番大切なことは何かを思い出し、自他の人生をより良いものに変えていく契機として、本講演会を企画いたします。

講演者：内山　幹敏　氏（元高校教員・歌人）
講演題目：どんなとき状況であれ昨日よりよく生きられる人間だから（予定）
講演会日時：二〇一八年六月または七月の土曜日の午後（予定）
会場：早稲田大学早稲田キャンパスのどこか（候補として小野記念講堂）

講演会詳細（検討中）：
（一）講演会スケジュール：所長挨拶（町田所長）五分　講演会趣旨説明（谷山）一〇分　講演（内山氏）五〇分（途中休憩一〇分を含む）　質疑応答二〇分　閉会の辞（町田所長または谷山）五分

（二）講演方法：パソコン・プロジェクター（音声出力機能付き）など使用。事前に入力・準備した原稿を使用（または併用）。

（三）想定する聴衆：特に限定せず。早稲田大学の学生・教職員はもとより、学外にも広報し、教育関係者、短歌に興味のある方、ＡＬＳ関係者、自分の人生に苦しみを抱えている方、よりよい人生を生きたいと願っている方なら誰でも参加可能。

（以下略）

当初は私も内山先輩も、航空機で早稲田大学にご来場頂くつもりで移動手段や宿泊施設のことなどを検討しておりました。しかしいろいろと難しい問題があり、ビデオ通話で旭川のご自宅と早稲田大学を繋いでのリモート講演会の形での実施を検討することになりました。この講演会を天意によるものと感じて「必ず実現する」と意気込んでいた私は、実際に内山先輩にご来場頂くことが難しくなり、少しがっかり致しましたが、もとより内山先輩の短歌をとおして魂をゆさぶるお力は空間の制約を超えているものであると思い直して、リモート講演会の実現に全力を注ぐことにしました。それでも前例のない企画でしたので、なかなか確実な見通しが立たず、早稲田大学教育総合研究所として正式な講演依頼を内山先輩にお出しすることができずにおりました。そこで正式な講演依頼を出すことはせずに、お互いに講演に向けて検討する中で自然に講演実施が確定するというやり方をとることにしました。もとよりこの講演会企画を高く深く受け止めてくださっていた町田守弘教育総合研究所所長の英断により、二〇一七年一一月に講演会実施に向けたワーキンググループ（以下ＷＧ）が設置されました。この町田先生のご決心無しには講演会は実現しませんでした。ＷＧのメンバーは、国語国文学科の町田所長、教育総合研究所副所長で国語国文学科の和田敦彦先生、理学科生物学専修の加藤尚志先生、教育学科教育学専攻の菊地栄治先生、教育学科初等教育学専攻の佐藤隆之先生、教育総合研究所助手の山本桃子さんに数学科の谷山の七名でした。ＷＧの皆様のご尽力がなければこの講演会は実現しませんでした。また教育・総合科学学術院事務所の廣瀬剛事務長、阿部正昭さん、内田千晶さん、堀田浩太郎さんには講演会実現に向けてさまざまなサポートをして頂きました。この場をお借りして厚く御礼申し上げます。ＷＧの会合は二〇一八年五月まで合計七回開催されました。講演会の内容はもとより、リモート講演実施の技術的な部分の検討にも多大な時間とエネルギーをかけました。リモート講演という形が可能性としてあることは、講演企画の初期の段階に加藤先生によってご指摘頂いたことでした。加藤先生の主導のもとにリモート講演の実施方法についていろいろと検討致しました。ビデオ通話の実験として、アップル社の iPhone や iPad や Mac に標準インストールされているソフトの FaceTime を初めて使ってみたり、Google 社のソフトのハングアウトやマイクロソフト社のソフトの Skype の通話テストをしてみたのは楽しい思い出です。講演会日時は二〇一八年七月七日（土）一五時から一七時までと確定しました。二〇一八年五月一九日には私が旭川の内山先輩宅を訪問し、実際に旭川と早稲田大学をつないでのビデオ通話テストを行いました。その結果、Skype を主ソフトとして、FaceTime とハングアウトを予備ソフトとして当日のビデオ通話を行うことにしました。この講演会のおかげで、ウェブカメラを初めて使ってみたり、い

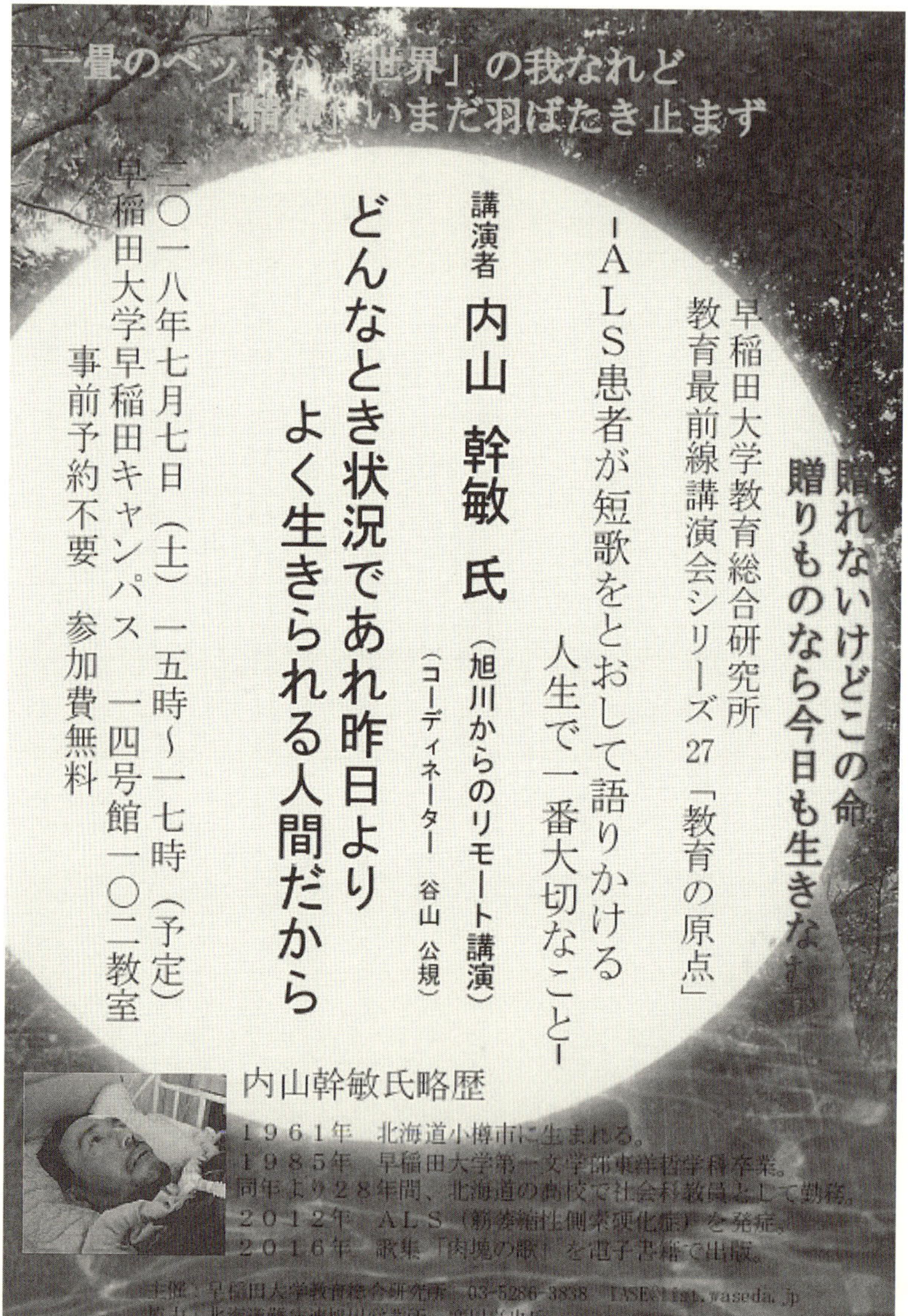
一畳のベッドが「世界」の我なれど
「精神」いまだ羽ばたき止まず
贈れないけどこの命
贈りものなら今日も生きな
早稲田大学教育総合研究所
教育最前線講演会シリーズ27「教育の原点」
―ALS患者が短歌をとおして語りかける
人生で一番大切なこと―
講演者　内山　幹敏　氏
（旭川からのリモート講演）
（コーディネーター　谷山　公規）
どんなとき状況であれ昨日より
よく生きられる人間だから
二〇一八年七月七日（土）一五時～一七時（予定）
早稲田大学早稲田キャンパス　一四号館一〇二教室
事前予約不要　参加費無料
内山幹敏氏略歴
１９６１年　北海道小樽市に生まれる。
１９８５年　早稲田大学第一文学部東洋哲学科卒業。
同年より２８年間、北海道の高校で社会科教員として勤務。
２０１２年　ＡＬＳ（筋萎縮性側索硬化症）を発症。
２０１６年　歌集「肉塊の歌」を電子書籍で出版。
主催：早稲田大学教育総合研究所　03-5286-3838　IISE@list.waseda.jp

ろいろとＩＴの最新の技術に触れることができました。今回のリモート講演会は素晴らしい科学技術の支えがあってこそのものでもありました。

講演会の内容につきましては、ＷＧ座長をお務め頂いた菊地先生と、かねてから講演会趣旨にご賛同下さり進んでご協力頂いた佐藤先生を中心に、如何にすれば内山先輩からのメッセージがそのまま真っ直ぐに聴衆に伝わる講演会となるかを入念にご吟味頂きました。そのおかげで素晴らしい講演会のプログラムができあがりました。

助手の山本さんは自ら進んでいろいろと動いて下さり、通常の講演会における助手業務の何倍もの時間とエネルギーをかけて下さいました。講演会のポスターは山本さんの原案に基づいて作成されました。今見返しても内山先輩のお心がそのまま伝わる素晴らしいポスターであると思います。

五　講演会の実施

講演会当日私は旭川のご自宅から内山先輩、奥様、北海道難病連旭川営業所の廣川真也様とともに中継で参加することになりました。廣川様は内山先輩の福祉器具の担当をされておられた方で、ＩＴ関係に詳しく、内山先輩の講演ビデオの作成や当日のビデオ通話接続にご協力頂きました。講演会の準備の段階から長期にわたり多大なるご協力を頂きました。ここに厚く御礼申し上げます。司会は常に広い視野で当意即妙な対応をされる和田先生にお願いしました。そのお力の存分に発揮された名司会のおかげで講演会の進行は流れるようでした。佐藤先生による基調講演により講演会の趣旨が説明され、今回の講演会は講師の先生のご高説を拝聴するだけの会ではなく、ともに感じ考える会であることが聴衆のみなさんに伝えられました。そして旭川から谷山が内山先輩、奥様、廣川様をご紹介したのち、いよいよ内山先輩の講演となりました。講演は事前に作成された講演ビデオを早稲田大学の会場で上映する形で行われました。内山先輩ご本人がビデオ通話で奥様の文字盤を通してご挨拶されてからのビデオ上映でしたので、実際に講演されるのと変わりない形となったといえると思います。

講演ビデオ上映後に休憩を挟み、聴衆のみなさんと内山先輩、奥様との質疑応答がなされました。みなさんに内山先輩のパワーが直接伝わる素晴らしい機会となったように思います。最後に早稲田大学名誉教授の村山吉廣先生から感想・コメントを頂きました。村山先生は空手道佐藤塾早大同好会の顧問をずっとされておられた先生で、今回の件で私も三〇数年ぶりにお会いして、是非とも講演会にご参加頂きたいと思いました。そしてお願いしましたところご快諾頂きました。米寿を迎えられておられましたがますますお元気で、講演会の最後に相応しい誠心あふれるお話を頂戴致しました。村山先生にあらためて御礼申し上げます。そして、これまた不思議なめぐり合わせにより、村山先生の早稲田大学エクステンションセンターの公開講座の担当をされている千葉淳一先輩にも講演会前後にいろいろとお世話になりましたことを御礼申し上げます。千葉先輩は佐藤塾で私の一年先輩で、ですから内山先輩の二年後輩となりますが、千葉先輩とも三〇数年ぶりの再会を果たしました。また講演会に出席し、質問もしてくださった佐藤塾の西村和之先輩、菅谷幸彦さん、佐藤実さんにも御礼申し上げます。こうしてリモート講演会は参加者の心に大きな余韻を残しつつ閉会致しました。内山先輩の歌集に何度も登場する愛犬の武蔵が、いつもと違う雰囲気を察知してか、講演会の進行に呼応するかのように適切なタイミングで庭から何回か吠えていたことも印象的でした。

なお、内山先輩の講演内容につきましては教育総合研究所のウェブページ

https://www.waseda.jp/fedu/iase/

で公開予定であることをご案内しておきます。

六　内山先輩の他界

講演会が終わって一週間程経った七月一五日に内山先輩からお礼のメールを頂戴しました。全文転載致します。

谷山先生、「教育総合研究所」の諸先生方、ならびに講演に携わってくださった皆様、まずは七月七日のリモート講演会ご苦労さまでした。そしてあのようなすばらしい講演会を実現してくださったことに、改めて心より感謝申し上げます。特に、発案から一年かけての準備、当日は拙宅にお越しいただき進行も行ってくださった谷山先生には並々ならぬご尽力を賜り、お礼のしようもありません。本当に感謝申し上げます。

内山先輩の愛犬「武蔵」

昨年の七月末、谷山先生から講演のお話しをいただいたときは、驚くとともに大変に名誉なことと受諾する決断をしました。当初はそちらに赴くつもりでしたが、諸事情と先生方の判断によりリモート講演会という形になりました。その分、先生方には準備等でご苦労をおかけしましたが、私としては結果としてこの形で行えたことは大変よかったと思っています。一つには、私の体力では実際に講演会場に赴くことが困難であったこと、二つには、リモート講演という形は私のようなものにこそふさわしく、これからの活動の幅を広げられる実感を持てたことです。

いずれにせよ、私にとって初の講演会を母校である早稲田大学で行えたことは大変な喜びであります。伝統ある「教育総合研究所」の「教育最前線講演」で私のようなＡＬＳ患者で重度身体障害者が講師を行うことは全く前例のないことでしょうが、実現してくださった谷山先生の友情と熱意、並びに諸先生方のご勇断と教育への真摯な思いに対して最大限の敬意を表したいと思います。

谷山先生と諸先生方、関係者の皆様の、これからの益々のご活躍を祈念いたします。

このようなメールを頂き身に余る光栄ですが、講演会の実現をよろこんで頂けたこと、またリモート講演という新しい活躍の形を見出されたとのことで、大変うれしく思いました。しかし、これが私が内山先輩から頂戴した最後のメールとなりました。七月二三日に奥様から頂いたメールで、七月二一日に先輩の容体が急変され七月二二日に他界されたことを知りました。思えば五月一九日にリハーサルで伺った際の別れ際に「頑張って講演会までは生きていようと思います。」と文字盤で話されておられました。まさに講演会に生命をかけて臨んでくださったのだと覚りました。

七　おわりに

七月七日の講演会終了直後に、先輩はお疲れとも考えずに、「先輩は歌集の中で魂という言葉を度々使われていますが、死後の世界や人間の生まれ変わりはあると思われますか。」とお尋ねしました。「それは分からない。しかし谷山君とは何か特別な縁があるのかも知れない。だとすれば、そういうことなのかも知れない。」とのお答えでした。死後の世界の存在や人間の生まれ変わりは科学的に立証されていません。しかし死後の世界が存在しないことも科学的に証明されてはいません。現代科学は人間の目に見える光、可視光線以外にも紫外線、赤外線など目に見えない光がたくさんあることを解明しました。また人間の耳に聴こえる音、可聴音以外にもイルカやコウモリなどにしか聴こえない超音波が存在することを突き止めました。では現代科学は実在する全てのものを突き止めたのでしょうか。まだまだその一部しか把握できておらず、その存在を予測すらできていないものがたくさんあるのではないでしょうか。分からないことに対して謙虚になり、もしかしたらそのような世界があるかも知れない、また、現時点では不可能と思われることが起きることもあるかも知れない、と考えることが大事であると私は考えます。ＡＬＳが不治の病であることが証明されていない以上、内山先輩のＡＬＳも治癒する可能性はあると私は本気で考えておりました。先輩の訃報に接し、その可能性はなくなったことを知りました。しかし私は、先輩が生前に詠まれた短歌の中で、魂を肉体の束縛を超越した存在として種々に描写されていたように、先輩の魂は今、自由を得て、至福の意識の中に生き生きと活動されておられるような気がしております。

二〇一六年一月に内山先輩宅にお見舞いに伺って以来、内山先輩のことは常に私の意識の片隅にありました。特に二〇一七年七月に講演会企画の提案をして以来、内山先輩の生き方は私に素晴らしい影響を与えてくださっています。それは、今自分に与えられている全てのことに感謝すること、自分が幸せに囲まれて生きていることに常に気付いていることです。内山先輩のことを思うたびに私はそのことを思い出し、謙虚な安らかな心でいられるのです。内山幹敏先輩とのご縁に感謝し、また今回のリモート講演会に関与された全ての方々に感謝して、この貴重な体験を私のこれからの人生に活かして参りたいと思います。

ゆさぶられること／問い続けること
―「教育の原点」を楽しむ―

菊地　栄治

今回の企画が谷山公規先生から提案されたとき、内容に共感しつつも「個人的な思い」に駆られたイベントが「教育最前線講演会」として成立し得るのか…と慎重さを求める空気が漂っていた。しかし、個人的なことから「公共なるもの」が紡がれることは珍しくない。一人称で語り対話的空間を織り成していく地道な行為が関係性をつくり変え、新たなコミュニティを築くことさえある。これまた北海道、「浦河べてるの家」[1]の実践史を紐解けばよい。実際、谷山先生が投げられた小石が波紋を広げ、さまざまな人たちの尊い力と知恵を借り受けながら、最終的にはひとつの画期的なイベントとして成立していった。当研究所に限らず、「だれにどのように伝えるか（知ってもらえるか）」は永遠の難題である。その意味では、この企画の創られ方そのものが非常に貴重だったのではないか。

企画の内容も、多くの教育言説や近年の教育政策の限界を浮き彫りにしてくれた。近年の教育界は、「何かができること」「わかっていること」「速くことを進めること」等にますますこだわっている。「ゆさぶられること」や「当事者自身の問いに寄り添うこと」が深刻なまでに足りない（とくに、相対的に社会的地位・資源を得ている側）。身体を慈しむことさえ忘れ、「子どもの時間」を奪いがちである。大学教育もしかりである。いつのまにか就活予備校と化す大学も多い。学生を時間管理しながら、「最近の学生は小粒になった」と評論する大学教員…。ダブルバインドの学校化社会で、問いを奪われる若者たち…。後期近代の存在論的不安を煽られる中、教育を急ぎ、経済価値に置き換えて人間を値踏みする社会。そんな世の中で最も重力を感じて生き、懸命に呼吸をするひとりの男性の歌が「生きることと地続きの一行詩」として届けられる。内山幹敏氏の生きる「地点」に立って、私たちの社会や教育のありようを捉え直したとき、まるで違った見え方が浮き上がってくる。講演を終えて、氏は大切な人たちに見守られて天の時間で生きる存在へと旅立っていかれた。短い時間だったが、当日の会場は呼吸を助ける機械音が優しく響き、とても温かく豊かな場となった。魂のメッセージを届けてくださった内山氏に心から御礼を申し上げたい。

注

（1）一九七八年以降、統合失調症等の当事者研究を軸に浦河の地に育まれたコミュニティ。「弱さの情報公開」「安心してサボれる職場づくり」「苦労を取り戻す」「勝手に治すな自分の病気」「昇る人生から降りる人生へ」などの秀逸で温かい言葉と丁寧な対話が世界を変える（向谷地生良『べてるな人々　第1集』一麦出版社、二〇〇八年など）。

講演会に寄せて

佐藤隆之

初めて関わらせて頂いた教育総合研究所の教育最前線講演会で、初めての試みをいくつも経験できたことは幸いでした。初めての一つはもちろん、ALS患者であり本学の同窓でもある内山幹敏氏とスカイプを通して直接お会いできたことです。谷山先生のご提案を教育総合研究所でアイディアを出しながら、約一年がかりで練り上げて実現の運びとなったことも、これまでにはなかったことと聞いています。長きにわたる準備の中心は、言うまでもなく内山氏（そして氏の意向を私どもに伝えてくださった奥様、その仲介を務めて下さった谷山先生）でした。さまざまな不安や悩みがあったことと拝察します。体力的な問題、ご自宅を公開しての講演会であること、質疑応答への対応など、いくつもの難題が想定されました。それを乗り超えて内山氏は、講演のタイトルでもあった「どんなとき状況であれ昨日より良く生きられる人間」であることの意味を、百万言を費やしても言い尽くすことは難しいであろう深みにおいて体現してくださいました。初めてづくしで、しかも意図的に成り行きに任せることでライブ感を大事にしようとした不確定な講演会が実りあるものになったのは、ひとえに内山氏のご尽力によります。誠に残念ながら、氏は帰らぬ人となりました。一期一会のご縁に感謝しつつ、重ねて哀悼の意を表します。

言葉を交わした時間

和田　敦彦

この講演会には、準備段階でワーキンググループの一人として参加し、また、講演会の折には総合司会を務めさせて頂きました。事前にこの企画を検討している段階では、講演者である内山氏の側、そして開催者側双方の負担や、不測の事態もあり得ることが心配で、個人的には開催するべきなのかかなり迷いました。幸い、講演者側の柔軟な対応や、講演会の準備、運営にあたった方々の尽力で講演会が実現でき、貴重な経験をさせて頂きました。

私自身が講演会の開催を通して得たものもまた、やはり事前には想像できないものでした。私は読書が研究テーマなので、読むことの不自由さについて考える機会は少なくありませんでした。それでも、文字を視線で一字一字発信する、つまり目で書く、言語表現をする方とやりとりをした経験はありませんでした。実際に内山氏と言葉を交わし合った折には、言葉を伝える、理解するという何気ない行為が、どれだけかけがえのないことなのか改めて考えさせられました。自身にとっても、教育や研究の原点に立ち返る機会となりました。かけがえのない時間を共有させて下さった内山幹敏氏に心から感謝するとともに、謹んで氏のご冥福をお祈り申し上げます。

ビデオ会議システムを用いたリモート講演の試み

山本　桃子

教育最前線講演会では、これまで数学オリンピック(1)やLGBT(2)の問題など教育に関わる多彩なテーマを取り上げてきた。しかし、発表者が会場に不在の講演会は今回が初の試みであり、遠隔地と講演会場である学内の教室を中継するための手立てを考える必要があった。そのほか、内山先生のご体調、当日のフロアへの問いかけ方など目くばせすべき課題は山積していたが、企画の独自性から今回の試みを教育総合研究所として実施し、内山先生のことばを早稲田に届けたいと思った。本ブックレットにもご寄稿いただいているように、いろいろな方々のさまざまな思いに支えられ実現したのが本講演会である。私自身は、企画の立案の際に『肉塊の歌』の作品に触れ、病に縛られたベッドの上で紡がれる短歌が現代の生きづらさを克服するための道しるべであるように感じた。内山先生のご自宅との中継を通じて、ご本人の葛藤やご家族の思いを教室で共有したい、そのような思いで学内の各部署へ連絡を取り、リモート講演の設備を手配した。

二〇一八年四月に、学内各所へ「北海道の旭川にある個人のお宅と早稲田の教室をインターネットでつなぎ中継したい」という相談を持ち掛け、最終的に早稲田ポータルオフィス遠隔支援のサポートでビデオ会議システムを利用する運びとなった。学内のネットワークについては、日ごろ海外大学との中継で用いられており安定しているものの、一般家庭との通信は前例がないため一度テストが必要であろう、と担当者の方から進言をいただいた。そして七月七日の講演会に先立ち、谷山先生にお願いして五月一九日に旭川へ赴いていただき、試験中継を行った。スカイプを利用した中継は、はじめはマイクの接続が原因でスムーズにやりとりができない場面が生じたが、どうにか映像・音声ともに開通し、旭川と早稲田が一、〇〇〇キロメートルの距離を越えてつながった。内山先生のお宅にてサポートしてくださった北海道難病連旭川営業所の廣川真也様にはこの場を借りて心よりお礼申し上げたい。

講演会当日は、教室の会場に響いた呼吸補助器の「シュー…プシュー」という断続的な音、そして視線によって意思を明示される幹敏先生と一文字一文字丁寧に視線のスピードに合わせて読み上げる節子様の素晴らしい協働の姿が、何より印象深かった。講演会で感じた胸のざわめきを整然と言語化することは難しいが、内山先生からいただいた力強いことばを噛みしめながら、これからも愚直に教育と向き合っていきたいと思う次第である。

注

（1）詳細は、早稲田大学教育総合研究所 監修『早稲田教育ブックレット10 数学オリンピックにみる才能教育』学文社（二〇一四年）を参照。

（2）詳細は、早稲田大学教育総合研究所 監修『早稲田教育ブックレット13 ＬＧＢＴ問題と教育現場―いま、わたしたちにできること―』学文社（二〇一五年）を参照。

ポジティブになろう

加藤　尚志

内山幹敏さんの講演会の実現に向けて、ワーキンググループのメンバーは講演会当日の半年以上前から知恵を寄せ集め、さまざまな角度で検討を進めました。私にとって、このような企画に参加する機会は滅多にあることではありません。ここではメンバーの皆さんの一人ひとりのお名前は出しませんが、年齢や専門を越えたチームの仲間に出会えたことは素晴らしいことでした。課題は次から次へと浮上したのですが、どのメンバーも決して諦めない。誰もが講演会の実現を確信していました。講演会当日の遠隔中継では、スピーカーから呼吸装置の機械音が流れ続けました。それは、生命科学を学ぶ私にとって精神を揺さぶるものでした。しかし、内山さんは決して諦めない。講演を拝聴した私の研究室の学生達は、彼ら彼女らの日常生活で発することはない、さまざまな「問い」を質問票に綴り、内山さんに向けておりました。内山さんの療養生活に触れた誰しもが、ポジティブに生きる、という課題と対峙したのではないか、と思います。「ポジティブ」であることがさまざまに重層化して、私にとって忘れられない講演会となりました。天国の内山幹敏さんに心から感謝申し上げます。

前を向く勇気

松坂　ヒロシ

内山幹敏先生が講演会場正面のスクリーンに登場されたとき、私は、先生の障がいに驚かされました。手足は動かず、お顔の表情もまったく変化しない先生のお姿を拝見し、自分自身のからだがこわばりました。しかし、先生のお話を伺い、また、紹介された先生作の短歌の言葉をかみしめているうちに、私は、先生が私のすぐ近くに座られ私に話かけていらっしゃるような錯覚におちいりました。先生のおからだのご様子は私の意識のなかで小さくなり、私は先生の気迫に圧倒されました。先生は、ご講演で、教訓めいた言葉を一切おっしゃいませんでした。むしろ、ご自分は葛藤なさっているという意味のことを話されました。そうおっしゃることにより、先生は、「私の生き方を見て、君らはそれぞれ、自分なりの成長をしてくれ。」と伝えて下さったのだと思いました。講演会に参加するまで、私は、自分が人並みの積極性を持ち合わせていると漠然と思っていました。そんな私の自負は、講演会が始まってすぐに吹っ飛びました。あの日、私は先生から前を向く本物の勇気の手本を示された気がしました。

ご講演から程なくして先生が他界された、と後日伺いました。御霊のご平安をお祈り申し上げるのと同時に、先生のお話が伺えた巡りあわせを大変ありがたく思いました。

内山君の訃報に接して

空手道佐藤塾早大支部初代主将　西村　和之

七月七日のリモート講演会で内山君の元気な姿に接して、大いに勇気づけられたその二週間後に急逝されたとの訃報が届き、驚くとともに悄然たる思いを禁じ得なかった。二年半前、旭川のご自宅を見舞った時には、「これが今生の別れかも」と思ったのは確かだが、生き切ろうとする強い思いを講演会でみせつけられ、「まだまだ大丈夫。今秋の北海道大会の折に、われわれの空手の恩師である佐藤勝昭氏とともに再び見舞おう」と考えていた矢先の悲報であった。

思えば、内山君が渾身の力を振り絞って、われわれに、そして後に続く者たちに語りかけてくれたあの講演会が、彼にとっての人生最後の花道だったと言えようか。「お見事」と快哉を叫びたいところである。

内山君は、大学では私の一つ下の後輩。寡黙ながら意志強固にして決して弱音を吐くことなく、空手に関してはいささか不器用なところがあるものの、一切妥協をしない稽古ぶりに、こちらが頭の下がる思いであった。卒業後は、ともに高校の社会科の教員となり、人一倍正義感の強い彼は、年賀状で変わりゆく教育界の現状を憂える言葉をしたためていた。奥さんにプロポーズした際のエピソード——ある時、生徒から蟹を贈られ、職場でほとんど会話をかわしたことがない女性に、「蟹、食べに来ないか」と電話をかけ、二人でひとしきり蟹を平らげた後に突然プロポーズした——も実に内山らしいと、仲間内で盛り上がったことも懐かしい。以前見舞った際、「内山、いい奥さんと出会えてお前は果報者だな」と言った時、天にも登りそうな満面の笑みを返してくれたことも微笑ましい思い出である。

歌集を繙くと、全身全霊を傾けた力作ぞろい。質量ともに圧倒的な句を連綿と紡ぎだしてきた内山君に比べ、仕事に疲れて帰宅しては毎晩呑んだくれている私など、あの世で再会しても合わせる顔がないなと、フト、自責の念にかられることがある。

それはともかく。一瞬一瞬、精一杯生命の火を燃やし尽くした内山君のご冥福を、心からお祈りしたい。

講演会に寄せて

内山　節子

二〇一八年七月七日（土）午後三時。リモート講演会が始まりました。今年に入り体力的にも気力の面でも随分弱ってきた夫でしたが、この日は見違える程顔色が良く表情も明るくて、講演が夫を元気にしてくれたようで、私も嬉しい気持ちで夫を見守りました。本当に奇跡のような一日でした。それからちょうど二週間後、夫の容体は急変し、病院に救急搬送されましたが、翌日帰らぬ人になってしまいました。

昨年、谷山先生から講演のお話をいただき、夫はとても喜んでおりました。二〇一七年の元日に三つの目標を立てた中の一つが「座談会や講演会をしたい」という事だったからです。短歌を詠むことと並行して、高校生や大学生に向けた講演の草稿を少しずつ準備もしておりました。本番が近づくにつれ、体調はさらに思わしくなく、「無理だ」と弱音を吐くこともあり、「断る？」と尋ねると、「谷山君との約束だから」と、やはり意志は強いものがありました。あの時もしも断っていたら、夫も悔いを残したでしょう。夫だけではなく私も後悔していたと思います。苦しく辛い闘病生活ではありましたが、講演をやり終えた後、「いつ死んでもいいと思っていたが、ＡＬＳ患者の方に勇気や、やろうと思ったら何でもできるという事を自ら伝えていきたい」と語ってくれました。最後に夫の目標を叶えていただき、命輝くような花道を用意していただいた事、本当にありがたい気持ちでいっぱいです。

村山先生、西村さん、菅谷さん、佐藤さん、講演会に足を運んでいただいた皆様に心より感謝申し上げます。また講演を企画するために奔走していただいた谷山先生、労を惜しまず常にサポートをしてくださった廣川さん、本当にありがとうございました。教育総合研究所のますますのご発展と諸先生方のご活躍を心よりお祈り申し上げます。

「早稲田教育ブックレット」No. 20刊行に寄せて

町田　守弘

早稲田大学教育総合研究所の教育最前線講演会シリーズは、二〇〇四年十二月に第一回を開催してから毎年開催されている企画です。第二十七回の講演会は「教育の原点—ＡＬＳ患者が短歌をとおして語りかける　人生で一番大切なこと—」というテーマで、二〇一八年七月七日に開催されました。本「早稲田教育ブックレット」No. 20は、この講演会の内容をもとに編まれたものです。

今回の企画は、教育総合研究所としては初めてのことになりますが、講師の内山幹敏氏が居住されている北海道旭川市と早稲田大学とをビデオ通話で結ぶリモート講演という形態で実施されました。講師はＡＬＳ（筋萎縮性側索硬化症）を発症され、講演会当時身体をほとんど動かせない状態でしたが、短歌を詠んで歌集を刊行され、その表現の中にご自身の生き方をしっかりと示してこられました。「教育の原点」としての「人生で一番大切なこと」を考えるための講師として、まことに適任であったと思います。

ただしきわめて残念なことではありますが、この講演会を終えてから内山氏は帰らぬ人となってしまわれました。いまはただ、心から氏のご逝去をお悼みしつつご冥福を祈るばかりですが、このブックレットを通して内山氏の生き方に触れ、さまざまな学びを得ることができるのは素晴らしいことではないでしょうか。

講演会のコーディネーターを担当された谷山公規教授には、ブックレットの刊行に際しても全面的にご協力をいただきました。講演会の準備段階からさまざまなご協力いただいた方々、当日にご登壇いただいた方々、そして本ブックレットにご執筆いただいた方々、編集・刊行に際してお世話になった方々に、深甚なる謝意を表します。

（早稲田大学教育総合研究所　所長）

著者略歴（2019年３月現在）

谷山　公規（たにやま　こうき）
東京都生まれ。東京女子大学文理学部専任講師、同助教授を経て、現在、早稲田大学教育・総合科学学術院教授。専門は数学、位相幾何学（トポロジー）、結び目理論。数学の楽しさ・美しさを、自身も学び、人にも伝えることに意欲的である。「微分幾何体操」の提案者。数学オリンピック財団理事。趣味はテニス。

佐藤　隆之（さとう　たかゆき）
早稲田大学教育・総合科学学術院教授　博士（教育学）
略歴：玉川大学教育学部を経て現職。教育総合研究所副所長。専門は教育思想（アメリカ）。「子ども中心」をスローガンとして展開された新教育運動の思想とその実践の解明を主たる研究課題としている。主著に、『キルパトリック教育思想の研究―アメリカにおけるプロジェクト・メソッド論の形成と展開―』（風間書房）、『現代教育の争点・論点』（分担執筆、一藝社）、『市民を育てる学校―アメリカ進歩主義教育の実験』（勁草書房）などがある。

内山　幹敏（うちやま　みきとし）
一九六一年　北海道小樽市に生まれる。一九八五年早稲田大学第一文学部東洋哲学科卒業。同年より二八年間、北海道の高校で社会科教員として勤務。二〇一二年　ＡＬＳ（筋萎縮性側索硬化症）を発症。二〇一六年　歌集「肉塊の歌」を電子書籍で出版。二〇一七年　歌集「続 肉塊の歌」を出版。二〇一八年七月七日　早稲田大学のリモート講演会で講演。
二〇一八年七月二二日　逝去。

和田　敦彦（わだ　あつひこ）
高知県生まれ。現在、早稲田大学教育・総合科学学術院教授。専門は日本近代文学、特に読書や、出版流通の歴史を研究。著書に『越境する書物』（新曜社）、『読書の歴史を問う』（笠間書院）などがある。近年は海外にある日本語資料にも関心を向けて、読者について調べている。

内山　節子（うちやま　せつこ）
北海道出身。一九九二年内山幹敏と結婚。オホーツク管内、旭川市で中学校教諭として勤務した後、夫の介護のため二〇一四年に退職。旭川市在住。

村山　吉廣（むらやま　よしひろ）
一九二九年埼玉県生まれ。早稲田大学文学部卒業。大学院修了後、講師、助教授を経て、早稲田大学文学部教授就任。二〇〇〇年、定年退職。最終講義「早稲田漢学の栄光」。早稲田大学名誉教授。二〇一六年秋、瑞宝中綬章受章。専攻は中国古代哲学・詩経学・中国古典文学・江戸明治漢学・イギリスの東洋学。日本詩経学会会長・中国古典研究会会長・日本中国学会顧問。全国漢文教育学会顧問・斯文会常務理事。趣味は短歌、旅行。著書に『藩校』（明治書院）、『詩経の鑑賞』（二玄社）、『楊貴妃』（中公新書）などがある。

菊地　栄治（きくち　えいじ）
愛媛県生まれ。国立教育政策研究所を経て、現在、早稲田大学教育・総合科学学術院教授。専門は教育社会学・教育経営学。著書に『希望をつむぐ高校』、『学校のポリティクス（共著）』（いずれも岩波書店）、『持続可能な教育社会をつくる（共編著）』（せせらぎ出版）などがある。人間と社会の「限界性」を軸に据えつつ人々の相互的主体変容を起動させる〈多元的生成モデル〉というもうひとつの物語を理論化し、当事者とともに具体的な場づくりを試みている。

山本　桃子（やまもと　ももこ）
早稲田大学教育・総合科学学術院　教育総合研究所　助手
略歴：静岡県生まれ。早稲田大学教育学部複合文化学科卒業、同大学院教育学研究科修士課程修了。現在、博士後期課程に在籍。専門は、社会教育学、特にミュージアムでの子どもの学びについて、国内外をフィールドに研究している。

加藤　尚志（かとう　たかし）
東京都生まれ。（株）キリンビール医薬探索研究所を経て、現在、早稲田大学教育・総合科学学術院教授。専門は分子生理学・実験血液学。世界初の赤血球産生因子エリスロポエチンの開発、血小板産生因子トロンボポエチンの発見などの実績をもつ。大学では、バイオテクノロジー黎明期の世界競争の経験を反映させつつ、新視点の比較生物学の立ち上げに向けて、日々学生達と奮闘中。

松坂　ヒロシ（まつさか　ひろし）
早稲田大学教育・総合科学学術院教授
略歴：早稲田大学卒、東京外国語大学およびレディング大学修士。専門は英語音声学、英語教育。著書に『英語音声学入門』（研究社）他。ＮＨＫラジオ『英語リスニング入門』（二〇〇二－二〇〇四各年度前期）、ＮＨＫテレビ『ニュースで英会話プラス』（二〇一五年度）講師。一九七〇年代に国立東京視力障害センターで赤十字語学奉仕団員として英語を教えた経験あり。現在、一般財団法人「重い病気を持つ子どもと家族を支える財団」評議員。

西村　和之（にしむら　かずゆき）
神奈川県立三浦初声高等学校　総括教諭
略歴：早稲田大学第一文学部在籍中に、空手道佐藤塾（塾長は世界空手道選手権大会初代優勝者の佐藤勝昭氏）の支部を学内に創設。村山吉廣先生に顧問を引き受けていただき、二代目副主将の内山幹敏氏とは、ともに汗を流し、よく酒盃を酌み交わし語り合う仲であった。